バジル咲くとき

鈴川智優
SUZUKAWA Chihiro

文芸社

目次

二〇二二年春、闘いはまだ続いている。
始まりは二〇一X年――

春

四月七日。準備登校、新学年クラス発表の日。

なんでだ――頭が真っ白になった。担任が替わるなんて信じられない。今年もA先生だと思っていたのにB先生になるなんて……。嫌だと思っても変わることは望めない。家に帰ってからももんもんとして過ごしていた。明日が来なきゃいいと思っていた。だからといって休むつもりはなかったのに、目が覚めたらもう遅刻する時間だった。起こしてくれればいいのになんで起こしてくれないんだ。お母さんを詰《なじ》ったが「起こしたのに、また寝たんでしょ」とあっさり躱された。

お母さんが仕事へ行った後、結局遅刻が恥ずかしくて休んでしまった。そのまま休むことになるなんて思ってもいなかったのに始業式から十日間も休んでしまった。休むたびに罪悪感が渦巻いてドロドロとしたものが溜まっていった。『明日こそは行こう』と思って寝ても、目が覚めると時間が過ぎている。ゲームをしたりマンガを見たりゴロゴロして一日が終わる。始業式の日以降、お母さんに起こされると文句を言って当たり散らしていたら「起こしても怒鳴るのであれば起こさない」と言われてしまっている。お母さんに楯突くとスカーッとする。自力では間に合う時間に起きられないのに、起こされると文句を言うんだから、どうしようもないと思う。自分はどうなってしまうんだろう……。不安で潰されそうだ。

お母さんが学校に呼び出しされた。

登校しないまま四月も下旬になったからか。この間の保護者会ではスルーしたのに、今さらなんなんだ。クラス決めのとき、A先生は自分のクラスに選んだのに、B先生がほしいって横やりするからいけないんだ。A先生は頑張ったけど取れなかったって言っていた。B先生がほしいなんて言わなきゃA先生のクラスだったのに迷惑だ。休んでいることで気付け、今まで放っておいたんだから放っておいてくれ。ちゃんとやっています、責任は果たしています、という形づくりに利用するな。学校へ行くほうがいいとは言っても、お母さんは責めることをしないから助かっているんだ。不登校の子を気にしているという『事実』を作るための呼び出しで、実際には気にしていないのかもしれないけど放っておいてほしい。

＊　＊　＊

朝、仕事へ行く前に中学校へ行き、担任と会った。何かあったのか？　休んでいる理由は何か？　聞かれてもある意味答えようが無かった。

三年生になりクラス替えがあったが、一・二年と同じ担任だったのに、三年になって替わった。しかも、元担任からは受け持ちになろうとしたのにそれが叶わなかったと聞いており、気持ちが落ち込んでいる。だけど〝三年になり担任が替わったこと〟とのみ伝える。

クラス偏成のやりとりを生徒に伝えるのはどうなのか。今まで話してもなんともなく済んでいたので話したのかもしれない。〝なんでだ〟と思い不満が生まれることなど考えなかったのだろう。

時間が来てまた、午後に会うことになった。仕事を休まないといけない。急な休みだがなんとかしないと。

午後、今度は担任・元担任・学年主任と会う。用件は一緒。具体的な解決策はなく、クラスは今のままで替わることもない。

生徒が不満・不安を持っていても、教師は何もする気がないのだからどうにかなることではない。それらをぶつける矛先は親に向けられていて、教師に向けられているわけでもない。

＊　＊　＊

五月になっても良いことは起きない。学校はほぼ行っていない。四月は四日間行ったのみですべて遅刻している。その代わりじゃないけど日曜日以外は塾へ行っている。自習だし、学校へ行っていないことは話していないから、気が楽に過ごせる。家で過ごしているとのんびりできて好きに過ごせるのが心地よかったはずなのに、やっぱりいけないことなんだと思うようになり罪悪感がじわじわと沸いてくる。

絶対そうしなければいけないということではないけれど、朝ちゃんと起きて学校へ行く、少なくとも今のルールではそうなっているとお母さんは言う。そして学校だけでなく、決められた時間を守るということは、仕事をするとき、アルバイトでも正社員でも大切だとも言う。それは分かる、分かりたくなくても分かる。でも、学校へ遅れて行っても何も言われない、よく来た感さえある。先生は学校に行けない子ができるのが困るだけかもしれない。いじめなどの理由がない不登校の子が困るのかもしれない、だから遅れたことを何も言わないのかもしれない。

お母さんが伝えたこと――担任が替わらないほうがよかった――は学校へ行ったときに自分でも話している。他の理由はない。担任は、なんで休むんだってきっと思っているだろう。朝学校へ行く時間になると、仮病じゃなく頭やおなかが痛くなるって聞くけれど、そんなことはない。ただ起きれない、起こされてもすぐまた寝てしまい、起きれないだけ。目が覚めたら登校時間がとっくに過ぎているだけ。

休んでいるうちにクラスに居づらくなってしまった。ゴールデンウィークが終わったら行けるだろうか。今からでも間に合うだろうか。体育祭もあるし、一緒にやれるだろうか。何か起きることを期待しているわけじゃない、普通にしたいだけなんだ。

イライラが募ってお母さんに文句を言ってしまう。物を投げつけてしまったこともある。感情が爆発してしまって止められなくなってしまう。あとでお母さんのアザを見て『しまった』と思う。そのときはお母さんの言葉も聞こえない。聞こえてはいるけど耳に入るだけで、反発してしまって抑えられなくなってしまう。

普通にしたい、でも普通ってどういう状態なんだか分からなくなってしまった。受験生なのに学校へ行かない、行けない——分からない。担任が替わることも、元担任のクラスになれることもない。環境が変わることはない。そう分かっていても、心がついていかない。

＊　＊　＊

〝問題ある子〟にしたいらしい。学校に呼び出されて先生に会ったが何も相談していない。新学年になりクラスが替わり、担任が替わることは珍しいことではないし、一・二年時の担任のクラスに替わることはないと思っているから、そんな希望を出すこともしていない。

子どもが溜まったものを吐き出すのに悪態や暴力はよくないと思っているし止めてもいる。事実を隠すことはしていないから、アザを見た先生からそれについて聞かれたときも、子どもがしたことであることは伝えている。でも、それも含めて困っていることを話してはいない。困っていないのだから当然だが、それが分からないらしい。

以前呼び出されたときに相談先の載った紙を渡されそうになり、必要ないと断っている。なのにまた担任から呼び出しがあり、学校へ行ったら担任と教頭が居て、その紙をまた渡してきた。以前断ったにもかかわらず、何でだろうと思い担任の顔を見たら、ヘラヘラと笑いながら手でどうぞどうぞと示している。断ったのを知っているのに、このヘラヘラした態度は何なんだろう。受け取るまで何度も呼び出されるのかと思ったら背筋がゾーッとした。家庭の問題、親子関係の問題として〝問題ある子〟と扱うつもりなのだと思い、話しても理解されないのだと感じた。きっと困っていないことが問題くらい言うのだろう。

方法は良くないと思っているが、子どもは溜まったものを発散していると思っている。やり切れない思いをぶつけてきていると思っている。教師とは見ている世界が違うということがはっきりした瞬間だった。そして、教師は子どものことを考えていないと悟った瞬間でもあった。

紙は仕方なく受け取り、帰ってから子どもに見せた。

「なんで」

「問題あることにしたいからじゃない？　この間断ったのに、またわざわざ呼び出して。受け取るまで呼び出しが続くと思ったから受け取ってきた」

「ふ〜ん」

こんなふうに思われるのは嫌だと思って変わるのだろうか。学校へ行った時、言動に気をつけるのだろうか。

子どものせいではない。確かに、すべきじゃないことをしている。でも、子どもが文句を言ったり、殴る蹴るをしたりするのは、絶対に子どもが悪いせいではない。

教師はそれを見ていない。暴力をしているから〝問題ある子〟と片付けている。暴力をしているということ、そこが問題ではないということは、教師にとっては都合が悪いことなのだろう。

＊　＊　＊

学校へ行ったり行かなかったり。時間通りに行かなくたって全然問題にならない。最初は、しまったたって思った、怒られると思った。でも、行ってみたら注意されることはなかった。

お母さんは、社会のルールがある、特に理由がないのなら時間通りに行くものだという。好き勝手な時間でいいというのはK中学校だけで、他では通用しないという。

だけど、途中から行っても何も言われない、平気なんだからいいだろう。守る必要があるのか、守らなくたってなんとかなるじゃないか。何も不都合なことはないじゃないか。――言うとおりにはしない、ロボットじゃないんだから好きにする――困ることなんかないと思う。

お母さんを力いっぱい蹴ってケガをさせた。大声で騒いで暴れて隣近所の迷惑になると注意された。マンションなんだから音が響くと注意された。

「構わない、文句言われたら謝ればいい」

「誰が謝るの?」

「お母さん。自分は関係ない」

「警察に通報されるよ」

「されたって構わない」

警察が来た。家で騒いだだけなのに。お母さんのケガはバレていない。

ふざけんな。学校へ行っているだけマシだ、体育祭だって修学旅行だって参加しただろ。近所から通報される前に親がするって、バカじゃないの。

死ねって言ったさ、殴ったたし蹴ったたしケガさせたたし大声出した。そんなに悪いか。したくてしたんじゃない。正しいことを言われて悔しくて、言い返せなくて、思い通りにならなくて、イライラしたからしたんだ。

ちくしょー、ちくしょー、今に見ていろ。負かしてやる。

警察が来る前に逃げた。お母さんが勝手に呼んだんだから関係ない——打ち消しても打ち消しても、どうしようと不安が浮かぶ。自分は悪くない、お母さんが悪いんだと思った。

夏休みが来る。

受験生ということを考えないようにしていた。みんな高校へ行くんだろう、自分はどうなったっていいって思っている。考えるのは面倒だし、なんとかなるだろうと思っている。

だいたい私立高校を受けるのに、なんで何回も見学会や説明会へ行かないといけないんだ。説明会へ行かなくたって高校は受けることができる。受ける前に合格の確約をもらうことが当たり前なんて誰が決めた。模試の結果を持って何度も親と見学会や説明会に行かなくちゃいけないなんて、したくない。

お母さんは見学会や説明会に行かなくてもよいと言っている。ただ、高校へ行こうと思っているのならそれなりに手順を踏まなきゃいけないし、高校もどこにするか決めなきゃいけないと言う。高校へ行くのは自分だ、だから自分がどうしたいのか決める、そんなこと分かっている。

どうなったっていいと思っているから、決めなきゃいけないのがイラつく。お母さんのロボットじゃない、思い通りになるか、そんな面倒なことするもんかと思っている。担任は何も言わない。受験するために〜が必要だとかこうしたほうがいいとか、いっさいいない。

適当に選んで説明会とやらにちょちょって行けば高校なんてすぐ決まると思っている。中学校だって毎日決められたとおりに行かなくても平気じゃないか、お母さんは大袈裟なんだよっと思った。

夏

途中から行った日もあるけれど、結局半分以上は学校へ行った。四月は四日だけだったから、五月からずいぶん行ったことになる。

学校はつまらない。休み時間になると、元担任のクラスというか元担任へ会いに行っていた。勉強はわかんないし、クラスに居場所はないし、よく行ったと思う。

夏休みになったから堂々と休める。休めるというのとは違うか、休みなんだから。

塾へ行って自習して、ちゃんとやってるって思っていた。七月も八月も夏期講習がびっしり入っている。勉強はわかるようになる、成績はすぐ戻ると思っていた。

私立高校の説明会へ仕方なく行った。いろんなコースのある高校だから、どこかに入《はい》れると思っていた。欠席日数が多いから合格確約は出せないって、どういうことだ。成績じゃない、どのコースでも同じ、欠席日数が多いと出せないなんて。確約という言葉はわかりやすく使っているだけ、なんていう説明はいらない。

途中から行っても休んでも高校入試でひっかかるなんて、担任も誰も何も教えてくれなかったじゃないか。高校へ行けなくなるって陰で笑っていたのか。担任は高校のことは考えていないのか。担任は自分が高校説明会へ行くわけじゃない、相談するわけじゃない、関係ないって思っているのか。

お母さんの言葉を思い出す。

「社会にはルールがある」

「自分の好き勝手な時間でいいというのはK中学校だけ」

中学校にいる間は仕方がないけど卒業さえしてしまえば関係ない、学校へ来たら問題ないっていうことなのか。なんでだよ、好きなようにしているだけ、それで大丈夫なんだろうと思っていた。

聞いても担任たちは、自分たちは高校へ行くことは考えているってきっと言う。入《はい》れるところはどこかあるってきっと言う。どこかに入《はい》れて、卒業すればそれでいいってことなのだと思う。

それでいいのかわからない。もうどうにでもなれ、高校なんかどうでもいいと思った。


もう、見学会も説明会も行かない、行きたくないと思う。

夏休みの間にいくつか行ったほうがいいんだと思う。でも、嫌だ。もう嫌な思いしたくない。どうせ合格確約はもらえないんだから行かなくていいだろうと思う。

少しでもプラスになるなら行ったほうがいいってお母さんは言う。面倒だし、嫌な思いするし、周りからバカにされているって思うと、行かないほうがマシだ。

お母さんに対して、お前の思う通りになるか!! 指図するなよって思う。ムシャクシャするから大声を出す。殴って蹴って、自分の思った通りになれと思って暴れまくる。夢中で叫んで暴れて、言うこと聞かしてやるって思う。

「強制じゃない。どんどん大変になると思うから」

「受けようと思っているなら、少しでもプラスになることをしたほうがいいと思うから」

高校にはいろんな種類があるし、いろんな科もある。言われなくたってそんなの知っている。どうせダメなら考えたくないし何もしたくない。どこだってみんな一緒だろうって思う。

何もしなくたって、どっかしらの高校に行けると思っている。行けなくたって、好きなことして暮らせばいいだけと思っている。

なんで塾へ行っているんだと思う。金を払っているから、それもある。

みんなに合わせて高校へ行くことからはずれないように〝同じ〟にして安心している。同じじゃないっていわかっている。でも、行っていると受験生しているって安心できる。ダメなやつじゃないって思える。

テストはできない。成績は下がっている。どうにもならない。塾へ行くとできる、わかるって思うから不思議だ。どうでもいいと思っているのに、高校へ行くのが当たり前の世界にいて、そこからはずれてバカにされることを気にしている。普通に高校へ行く、その中にまだ自分は入っていると思って安心したいと思っている。

遅刻や休みが多くてどうにもならないのに忘れていられる。

夏休みが終わる。

私立はどうでもいいとして、公立は無視できない。高校へ行かないって決められない。一応、公立高校の説明会には行っとこうとは思うけど、どうせムダって思っている。どっか適当に行って済ませても、行かなくても構わないとも思っている。

本当にイヤだ。小さい頃はよかった、もう考えたくない。夏休みが終わってしまい学校が始まる。逃げ出している。

「夜遅い時間に出歩かない」

バカじゃないの、出たいときに出て何が悪い。お母さんの言うこと聞くロボットじゃない!! 自由にする。いちいちうるさい。大声出して殴って蹴って、やりたいようにして何が悪いって思った。ケガさせてしまったとは思ったし、悪いとも思ったけど、止《や》められない。自分は自由だって思う。

「夜、出歩くことはすることじゃない」

「補導されたり、他の人の迷惑になることはしない」

「一人で生きていると思わない。生活するにはルールがある」

何度も同じこと言うな、一人で生きられると思った。外で過ごしてやる、困らせてやると思った。


何度か外で寝ていた。それで何とかなるって思っていたけど、誘われて友達のところへ泊まった。家に帰らなくても平気だ、自分は正しいんだと思った。

親にバレた。塾にいたらお母さんが来て、友達のところから荷物をひきとったって言われた。どういうことだって頭にきた。

「他人に迷惑をかける行動」と言われた。

親の思い通りになるのはしゃくで、悔しくて、突き飛ばしたりした。それでも変わらない、親に勝手に決められて自由にできなくて泣いた。

担任と学年主任が塾に来た。親も塾に呼ばれた。親が怒られればいいと思ったのに、そうならなかった。学年主任が友達のところへ連絡を取ったら、泊めてもいいと言っているると言われた。

お母さんは、

「泊めてもらう必要はない」

と答えた。

自分も、

「泊まらない。家に帰る」

と答えた。

家に帰ったけど怒りがおさまらない。家で暮らさなくても平気なんじゃないか！　友達のところへ泊まるのだって、先生が連絡して決めるくらいで悪いことじゃない。なんで自分の思った通りにさせようとするんだ。お母さんの思った通りになんかならない。好きなようにして何が悪い、そう思った。

家を出て集合ポストの横で寝た。

期末テストを受けなかった。夏休みが終わったらちゃんと学校へ行こうと思ったけどダメだった。公開テストの日も休んだ。みんなと同じになれないとわかったから嫌になった。

とり残されたことを忘れていたい。家にいたら思い出してしまう。ダメな人間だって思わなきゃいけないから、家にはいたくない。

お母さんは責めない。でも、

ダメな人間って思われているんじゃないか。

なんでちゃんとやれないって思われているんじゃないか。

いないほうがいいって思われているんじゃないか。

そう思うけど、そう思われたくないとも思う。

どうにかしたいのに、どうしていいかわからない。どうにでもなれ、どうなってもいいって思う。

きっとお母さんは正しいことを言っている。だけど、言うことを聞いたら、自分は間違っているってことになる。悪いのは自分じゃない。

遅刻したって休んだって、学校はなんともなかった。注意されなかった、怒られなかった。したいようにしてもいいんだ。自分は悪くない。お母さんは大袈裟なだけだ。

自分のしたいようにするのは間違っていないのに、お母さんの言うことを聞かなくても構わないことなのに、なぜだかモヤモヤしている。

自分の聞きたくない言葉を聞くだけで、大声を出して、暴れて、自分が正しいことを認めさせようとすることは、してはいけないことじゃないはずなのに、ザラザラした感じが残る。

みんなと同じじゃない、はみ出したダメな人間、そんなことイヤだって思っている自分がいる。でも、どうしようもないと思う。

家に帰らないでいたら警察に届け出された。たまたま誘われて友達のところに居たら、そこに警察が来た。

警察へ連絡って何すんだって思ったから、家に帰りたくないって言ったら児童相談所に連れて行かれた。なんでこうなるんだ。親を困らせたかっただけだし怒られたくなかっただけで、悪いことしていないのに、なんでこんなところに連れて来られるんだって思った。

泊まらないはずの友達の家に無断で泊まった。でも先生だって外泊は悪いことって言わなかったじゃないか。逆に泊まる手配をしたくらいなんだから、家に帰らないのは、しちゃいけないことじゃない。親の言うとおりにしなくたって平気なことだったはずなのに、なんで児童相談所に連れていかれたのかわからない。

すぐに帰ることができなくて、結局五日間もいることになった。どうして悪いほうへ悪いほうへいくんだ。したいようにしているだけなのに――それでいいはずなのに。


家に戻ったけど元には戻れなかった。

学校に行ってもみんなと話が合わない。陰でいろいろ言われているんじゃないかって気になる。みんなから浮いているって感じていた。

だから学校をまた休んだ。

四月はこうじゃなかった。起きたら遅刻する時間で、遅刻が恥ずかしくて行きたくなかった。担任が替わったのもイヤだった。遅刻しても休んでも平気なんだってわかってから、したいようにするようになった。ちゃんと時間通りに行って、休むこともしないほうがいいんじゃないか、悪いことをしているんじゃないかって思わないこともなかったけど、平気なことなんだって思えたからそうしなかった。

今は違う。違うけど休んでいる。そのことに大人たちは気がついていないと思う。したいようにしたってなんとかなるという気持ちはある。でも、もうどうにもならない、みんなが普通にするみたいになれないって思ってもいる。一体どうしてこんなことになってしまったのか、考えたってわからないから、考えるのをやめる。したいようにするしかないんだって思う。

＊　＊　＊

したいようにする、何をしようと自由だと子どもは言う。

生活をしていくうえでのルールがあること、高校へ行くには行わなければいけないことがあること、そんなことを話しても、思い通りにしようとするなと言う。

学校のことを悪くいうつもりは無い。

先生のことを悪くいうつもりも無い。

学校や先生を悪く思って学校へ行かなくなることがないようにとは思っている。

だけど――自分の都合で遅刻してなんともないのはK中学校だけと教えるしかない。

高校へ行っても、アルバイトや仕事でも、決められた時間は守る必要があると教えるしかない。

したいようにする、それができないのは、束縛して思い通りにさせようとしているからだ。気にいらないから、家にいたくないから外にいる。

でも、中学生が夜遅い時間にフラフラ出歩いても、家に帰らなくても、行うべきことじゃないとは先生は話さない。それどころか他人のところに泊まらせようとする。することではないと教えても何にもならない。

行わなければいけないことは行わなければいけないこと。行わなければいけないことが行わなくてもよいことになるのは、K中学校だけであっても、しなくていいんだからいいじゃないかとなる。

行いたくても行えないことはある。今がよくても今は先につながっている。したいようにするだけでは生活は成り立たないことはわかって欲しい。人生は今だけではないのだから、それも考えて欲しいと思っている。

なぜ、必要なことを教えず諭さずにいるのかわからない。中学校生活は、子どもの人生の一部分でしかないということを考えていないとしか思えない。中学校生活はもちろん大切だし、有意義に楽しく過ごして欲しいと思っているが、その先につながるものだとも思っている。

子どもを問題のある子に位置づけて片づけたり、親子間を裂く言動をして平気だったりするのが教師なのかと驚いてしまう。自分たちの考える枠に押し込んで、枠に合わせて考えることしかしない。

何ひとつ相談することはない。相談したいと思える相手でもない。これ以上ひっかき回さず、落ち着いた生活をさせて欲しいと願っている。

自分たちの考えた枠に当てはめて、子どもに必要なことを教えずに、すべきではないことを増長させることは止《や》めて欲しい。

時間どおりに登校しなくても、よく来たね、で終わりにするのは止《や》めて欲しい。休まず来たことを認めるのはよいが、時間を守ることの大切さを教えて欲しい。家ではそれを教えているのに、学校で守らなくても平気と扱ったら、時間は守るものかもしれないが守らなくたって大丈夫となってしまう。——教師へ伝えたが答えは、

「休むよりいいと思って」

遅刻の理由はなんだと思っているんだろう。休む理由はなんだと思っているんだろう。夜出歩くこと、家に帰らないこともそうだ。子どもの人生をどう思っているんだろう。子どもが教師や学校に悪いイメージを持たないようにと思っているが、子どもが流されるのは悲しい。親子間を裂く言動をされ続けられるのが悲しい。

誰の言葉に耳を傾けるか。

入ってくる情報をどう判断するか。

何を選ぶか、決めるのは子ども自身、悪い方向に進まないようにと願い、必要と思うことを伝えていくしかない。何があっても味方をする、守ると決めている。

秋

休まないようにしようと思った。

もう十月、だけどどうしたらいいかわからない。自分でどうにかできることじゃないって思う。元に戻れない。はずれてしまった。みんなと同じじゃない。だけど、もしかしてと思って、遅刻も休むことも止《や》めてみようと思った。でも、学校へ行っても、気にいらないと思ったら授業に出ず隠れた。イヤだと思ったら授業に出ず隠れた。逃げ出して居場所をみつけようとした。

すぐにどうなったってかまわないと思う。どうせどうにもならないと思う。

そして、上手くいかないのは自分のせいじゃないと思った。

親の言うことを聞いていたらロボットじゃないか。親が考えたとおりにさせようとしてもそうはならないことを思い知らせてやる。自分の好きなようにしてやる。それのどこが悪いんだと思った。

高校へ行くのに、何かしようなんて考えなかった。何かしなきゃいけないなんて考えなかった。小学生から中学生になるとき、何もしなかったじゃないか。高校生になるのも同じだと思っていた。というより何も考えていなかった。

すぐに勉強はできるようになる、成績は上がると思っていた。みんなと違ってしまう、普通からはずれてしまうなんて思ってみなかった。親の言うことを聞かなかったからだっていうことだったら、自分が悪いということになる。自分は悪くない。親の思ったこと、考えたことは親のルールだ。自分は思い通りにならない、したいようにする。どこが悪いんだと思っていた。

でも、モヤモヤする。

お母さんに怒鳴ってもあたりちらしただけと思ってしまう。

それでも止《や》められない。

塾はいい。周りを気にしないで済む。先生と一対一だから、それに先生とずうっと一緒なわけでもないし楽だ。ここに居てもいいんだって思える。自習スペースを利用しているだけで、ちゃんとやっているぞと思える。

前と違う高校の説明会へ行った。個別相談は散々だった。受けてもムダってことを言われた。仕方なく行ったのに、なんでイヤな思いをしなきゃならないんだ。確かに遅刻も多い、休みも多い、偏差値だって下がったままだ。だけどあんな言い方しなくたっていいじゃないか。今からじゃどうにもならないと決めつけるのか。十一月だからもう何をしたってムダなんて決めるな。そう思った。

三者面談をすっぽかした。その日は学校も休んだ。悪く言われるのがイヤだった。どうしようもないことをつきつけられ怒られるのがイヤだった。

お母さんだけが担任と話した。私立高校の合格確約をもらっていないことを言われたらしい。成績の前に出席日数がひっかかったことを話したら、出席日数が関係するとは知らなかったとの答えだったという。お母さんは、中三の担任なのになんで入試のことを把握していないんだろうって言う。把握していてそういう状態を避けるようにするのは仕事じゃないのか……？　必要なことをなんで教えないんだろう。教えてもしないのはある意味しようがないことだけど、把握していないってどういうことなのかわからないって話している。教えられていたら休まなかったかはわからない、でも違っていたかもしれないとは思う。

三者面談はなんとかなった。入試はどうなるんだろう。なんとかならなくても高校へ行けなくてもかまわない、どうにでもなれと思う。

冬

自転車で人にぶつかってしまった。暗かったけど前を見ていたはずだ。スマホをいじっていたわけでもない。なんでぶつかったんだかわからない。

相手に名前や住所とか聞かれたから答えた。親に怒られるのも、何してもダメな人間と思われるのもイヤで、内緒にしたいと思ったけど、きっと連絡が来る。なんとかならないか考えたけど思い浮かばなかった。なんとかしてくれる人がいるか考えた。やっぱり思い浮かばなくて学校へ行った。

先生に状況を話した。担任から、心配するほどのことではない、どうかなるようなことじゃないから大丈夫と言われた。親へもそんな大事《おおごと》なことじゃないと連絡するから安心して家へ帰るように言われた。気が重かったが家に帰った。

お母さんに状況を聞かれた。

「先生から聞いたならもうイイでしょ」

と答えた。担任から様子を聞いて、たいしたことじゃない、相手からも連絡が来ることはないと言われたなら、それでいいじゃないかと思った。

でも、話さないで済むことじゃないと言われた。このあとどうかなることじゃない、もう終わったことなのに面倒臭《く》せえと思ってイライラした。相手の連絡先は聞かなかったから、こっちから連絡とることはない。大袈裟なんだよ、自分の基準を押しつけるなと思った。

次の日、ぶつかった相手から親に電話が来た。昨日のことを交番へ行って話した、これから警察署へ手続きで行くから警察署へ来てほしいと言われたという。

「電話はお母さんにあったんだから一人で行けよ」

と怒鳴った。行きたくなかった。終わったんじゃなかったのか、どうしてこうなるんだと思った。

「ぶつけた本人が行かなきゃ話にならない。今日行かなくたって、行かなくて済むことにはならない」

と言われた。

自分が未成年で親だから一緒に行くが、親だけが行っても終わらないことを説明された。警察へ行くのは嫌だった。でも、一人で行くことになるのも、家に来られることになるのも、もっと嫌だった。

しかたなく警察署へ行った。事故の状況を聞かれた。これは事故なんだ、変だけどこれは事故で自分は加害者だってことがようやく理解できた。理解というよりそうなんだと思った。

お母さんが相手に謝っていた。ケガの治療代や検査代を払い、壊れたメガネを弁償することになった。迷惑かけたと思ったけどお母さんに謝れなかった。

そういえば怒られていない。いや怒られたか。状況を話そうとしなかったとき、警察署へ行かないと言ったときだ。事故を起こしたこと、お金を払わなきゃいけないことは怒られていない。何て言われたかを思い出しても、怒られたというのとは違う気がする。

学校でも外でも上手くいかない、ついていない。見たくないこと、聞きたくないこと、したくないこと、それを言われるとカーッとしてしまう。怒られていなくても、うざえって思う。やっぱり親の思う通りになんかしない、自分は悪くない。こうなったのは自分のせいじゃない、そう思う。別なところへ行けたら楽なのに、そう思う。

高校だってどうでもいい。行かなくたって困らない。行く必要もない。みんな合格確約をもらっているのに、もらえない。遅刻したし休んだ、それがなんだ。それで合格確約がもらえないなんて、自分のせいじゃない。『試験を受けて入ることもできる』。便利な言葉だと思う。試験を受けたって、落ちるに決まっている。みんな合格するのがわかっていて試験を受けるのに、受かるはずがない。きっと確約をもらっていない全員が落ちるわけじゃないって大人たちは言うだろう。やってみなきゃわからないって言うだろう。

勉強しなきゃって思う。勉強したってしようがないって思う。勉強をしようとしてもわからない、わからないのにやったってしようがないと思う。

一年のときも二年のときも楽しかった。三年になって何もかも変わってしまった。つまらなくなった。どこでみんなと違ってしまったのだろう。もう何をしてもダメなんだ。高校へ行かないでやりたいことがあるわけじゃない。どうにもならないんだから行かなくていい、ダメな人間だって思われることはしたくない。

どうしようもないやつ、合格確約もらえないやつ、試験に落ちたやつ、高校へ行けないやつ……どんなことを言われるだろう。直接言わなくたって、言わないだけでみんなそう思っている。違う世界へ行きたい。こんなところに居たくない。

お母さんは、高校へ行きたくないなら行かなくていいという。

『義務教育は中学校までだから、その先は行きたい人が行くことになっているから、好きにしていい。

でも、今はほとんどの子が高校へ行くし、高校へ行かない子が正社員で働くのは難しい。募集の採用条件が高卒以上となっていたり、それが書いていなくてもほとんどの子が高校へ行くから高卒は当たり前になっている。アルバイトだって同じ。中卒でつける仕事は限られてくる。

これがしたいという具体的なことがあって、そのために高校へ行かないのであればまだしも、何もなくてただ行かないというのでは生きづらくなると思う。中学校を卒業してすぐ高校へ入学する必要はないし、したいこと、それを学んだりやったりしてから高校へ行くということも考えられるから、それでもいいと思うけど、高校卒業という資格は取ったほうがいいと思う。

通学するだけでなく、通信で学ぶという方法もある。通信はレポートとか大変になるかもしれないと思うけど。高校へ行かない、中学校を卒業しても何もしない、というのは成り立たない。これがしたいから高校へ行かない、ということでなければ、仕事をしなさい。できる仕事は限られると思うけど、好きなことをして遊んでいるだけでは生活はできない。収入が無ければ生きていけません。

あなたの人生だから、どのようにするかはあなたが決めること。お母さんができることは限られている。うるさいことを言っていると聞き流すのも、言葉に耳を傾けるのも、何をどのように選ぶかあなたが決めること。誰かの言葉に耳を傾け選んだら、それはあなた自身が選んだことであって、その誰かの思い通りにさせられたということにはならない。いろいろな状況があって、したくてもできないことがもちろんある。小さなこと大きなこと、簡単なこと困難なこと、そのときそのときの状況の中で何を選び行うかは自分が決めること。その中には、誰かに決めてもらうことを選ぶということも入っている。

高校へ行くのであれば費用は負担するけれど、行かないのであれば仕事をするということになる。仕事以外にしたいことがあるのであれば、どうするのか、何をするのかあげること。好きなように遊んで暮らすということは、今の社会では無理です』

高校へ行かなくてもいいというのはラッキーって思った。だけど、したいことがない。高校へ行かなければ仕事をしなきゃいけない。考えるのは面倒だ。何もかも面倒だ。

＊　＊　＊

進路相談――三者面談があった。

仕事をする場合、学校は何もしない、自分たちでみつけたりどこかへ相談してと言われた。

高校入試の話を担任はすぐ始めた。テストの偏差値を並べてその偏差値の高校を出して、ここがあると言い、私立の合格確約は今の時期にもらえていないといけないと言う。合格確約がもらえない理由があっても説明会へ行けば入学したいと考えてくれて、合格する率が上がるかもしれないという。

担任が、高校には通信制もあると通信制のことを話そうとして、通信制があるのを知っていると答えたら、ヘラヘラとして焦っていた。通信制の高校名を聞いたら、ホッとしたように名前を出して、説明会へ行くよう言われた。行くのが当然とは言わなかったが、合格確約をもらえていないんだから行くのは当然みたいな話し方だった。

進路相談とは何《なに》？　と思う。進路を相談するのだと思ったらまったく違った。ただ単に成績と同じ程度の高校をあげるだけだった。成績で入れる高校に振り分けて責任を果たしたということなのだろう。高校へ進学すると決めていない段階ですることは何も考えていないことがよくわかる。自分たちの考えたことしかなく、違う道を切り捨てる。子どもの人生は子どものものであって教師のものではない。子どもがより良い選択ができるように、情報あるいは知恵など手伝うことを考えたいと思っている。子どもだからわからない、判断できないと決めつけて、だから大人（＝教師）が決める、決めなければいけないと考えているのだと思える。

子どもが決められないことも確かにある。だけれど決められることも数多くある。子どもに説明してもわからないと最初から説明しないこと、何も伝えないことが、可能性を奪うこともある。

中学校を卒業したら高校へ入学する。それは、大多数の子の進路だと知っている。しかし、高校へ行かなくてもいいことも知っているし、後から高校へ行くことが可能なことも知っている。中卒の場合の大変さも知っている。

個人的には中学校から高校へ直に進学したほうが良いと考えているし、先々のことを考えると高校へ進学したほうが良いとも思っている。これは私の考えであって、子どもがどう考えるかは別のこと。知っていること思っていることを伝えて、どのようにするか決めるのは子ども自身だと思っている。中学校から高校へ進学せず、辛いこと大変なことを経験するかもしれない。まわり道して高校へ進学して苦労するかもしれない。辛いことにあわないほうがいい、苦労せずに済むのであればそのほうがいい。だけど、子ども自身が決めた道を見守り応援し、時には手助けをしていきたいと思う。

わからないならわからないなりにする判断、みんなに合わせて中学校から高校へ進学すると決めることだって一つの判断であり、自分で決めて選んだことであるのだから。


受験するのであっても、勉強しなくても注意もはたらきかけもしないというのは、成績が下がってもどんなに勉強がわからなくても、入れる高校はある、どっかしらに入れればいいと考えているということか。問題ある子はそっとしておいて卒業させてしまえばいいということか。

自分たちの考えた枠に入れて問題ある子として片づけて、親子関係に問題あることにしておさめようとする。自分たちの考えたことに「ハイ、ハイ」と言わないと、教師からすると、子どものことを考えていない親となるらしい。相談を受けて、ああしたほうがいい、こうしたほうがいい、こうしたらと答え——指導か——そのとおりにする親であれば都合がよく、そうでないと煙たく思い、子どものことを考えない親という図が作られる。そう扱われていると感じる。

親だから正しいとは限らない、教師だから正しいとは限らない。

子どもであっても意志はある。希望がすべて叶うとは限らないし、選びたくないことばかりの中から選ばなければいけないこともあるかもしれない。それでもどうするか決めることはできる。

自分の人生は自分できちんと考えて、誰かのせいにするのではなく、自分で選んで決めなさい。誰かが代わりに歩むのではないのだからと伝えたい。

ある人より「耳に痛いことを言う人より楽なことを言う人のほうがいいと考えるのか、そういう人は君のことを考えていないんだ」と言われたことを覚えているのだろうか。

〝うるさい、なんとかなる、したいようにする。困らせてやる、思い通りになるか〟。どのように何を考えるか。どのように行動するか。逃げ出すことも向き合うことも選ぶことができるということも伝えていきたい。

＊　＊　＊

塾でも三者面談があった。

高校をどうするか。高校、高校、高校、どこでも高校の話ばかりだ。

「高校へ行かないで仕事するって言ったって、中卒での就職は採ってくれるところはまずない。バイトをするって言ったって、できる仕事は少ないし、若いうちはそれでもいいかもしれないけど収入だって少ないし、正社員との差だってある。年齢が上がればどんどん差は広がっていく。自分の収入で生活するのは大変だし、だからといって年がいってから正社員になろうと思っても、なるのは簡単じゃない。なんとかなるって思っているかもしれないけど世間はそんなに甘くない。」

なんなんだよと思った。ふてくされた態度と先生から注意された。ふてくされた態度になって悪いか。

こんなこと嫌だ。別なところへ行きたい。好きなようにできるところ、思ったようになるところへ行きたい。

通信制高校の説明会は、また遅刻や休みのことを言われるのが嫌で行かなかった。親だけ行って資料をもらって帰ってきた。中学のことは中学のこと、中学校生活と高校生活は別だから、高校で学びたいならということだったらしい。

遅刻や休みは不登校だからじゃない、まわりに不登校だと思われるのは嫌だ。高校へ行けないやつと思われるのは嫌だけど、不登校だと思われるなら、高校へ行かなくても同じだと思う。

なにもかも嫌だ、嫌なことばかりだ。考えたくない。誰かの思う通りにもしない、嫌なことも、なんでしなければいけないんだろうと思う。

説明会と個別相談会へ本人が行かなければ試験を受けることはできない。受けるか受けないかは自分で決めること、試験を受けると決めたら説明会へ行くこと、とお母さんは言う。

中学校を卒業して行く場所、居場所を作ることは、高校へ行けば作ることはできるでしょう。でも、行きたくないのに行くことはない。

合格確約をもらえていないということは、すごく成績がいいわけでないから、試験を受けて合格する可能性は低いということ。少しでも合格することを考えて、通信制と両方受けることも考えられるし、どちらかを受ける、両方とも受けないということもある。高校へ行くのか行かないのか、まず決めること。行くと決めたなら、どこを受けるのか決めること。受けるところが決まったら、受けるために必要なことをする必要があるという。

お母さんは細かいことを言ってうるさい、好きにさせてくれって思う。

私立高校の受験の申し込みがあと少しで始まる。二か所、そのうち一か所は通信制だ。受けるか決めなきゃならない。決めないで終わりにしたい。

通信制を受けるなら説明会と個別相談会に行かなければならない。面倒だ、何を言われるか考えるとゾーッとする。行きたくない。もうすぐ冬休みなのにモヤモヤする。したくないことをさせられるからだ。

受験はすることにしたけど勉強をしていない。やる気にならない。遊んでいると知っても担任は勉強しろって言わない。勉強しなくても怒られない、注意されない。勉強しなくてもいいんだって思う。

親も塾も、受験のために必要なことをするようにという。勉強はわからないところを取り組んでわかるようにすること。それが成績をあげることだったり試験に受かることだったりするらしい。

学校は、勉強しなきゃいけないなんて言わない。勉強したって変わらないんじゃないか、したって無駄なんじゃないかと思う。しなくてもなんとかなるってことじゃないかと思う。だったらやりたくない。

行きたくもない説明会だの個別相談会だのに行くんだ。してもしなくても同じ、しなくてもなんとかなるんだったら勉強なんてしたくない。その時間楽しいことをしたほうがいい。

他の県ではしなくてもいいのに面倒だ。行ったらイヤなことを言われるし、親の言うことを聞いて出かけるようでイヤだと思う。イヤなことをしなくちゃいけないから親にあたる。あたって当然だと思う。思い通りにならないことを思い知らせてやると思ってやっている。

仕方なく通信制高校の説明会と個別相談会へ行った。今までと感じが違った。イヤなことを言われなかったからよかった。行けるところができて安心した。まだ試験があるから、行けると決まったわけじゃないけど安心した。でも、まわりと違っていると思うと喜べなかった。

どうしてこうなっちゃったのか、みんなと同じようにならなかったのか。遅刻や休んだのは高校とは関係ないだろうと思う。自分は悪くない、それに中学校は平気だったじゃないかとも思う。

冬休みになってもダラダラとしていた。勉強していないことが悪いことをしているように思えてお母さんにあたっていた。しなきゃいけないことを言われると、「指示するな」とイライラしてあたっていた。お母さんにあたる理由なんてすぐに思いつく。自分のしたいようにして暮らせないのは、お母さんが思い通りにさせようとしているからだと思えば、いくつもある。

やらなきゃいけないことができないことを、なんでできないんだろうと思ったり、言われなくたってわかっているとも思ったりする。何をやってもダメな人間とお母さんに思われたくないと思って、やろうとしてもできない。できない自分がイヤでもできない。やらなくても平気だったらやらなくていいだろうと思って、好きなようにして何が悪い、言うことを聞いたらロボットだと思っていた。

冬休みが終わったら私立高校の受験申し込みをしないといけない。

私立高校は二か所受けることにした。みんなと同じになりたい、受かれば同じだと思ったから普通の高校を受ける。通信制でも普通の高校と同じように試験があるのは面倒に思うし、その日学校に行かないのはまわりにどう思われるか考えるとイヤになる。でも、行くところがない、高校に行けないやつと思われるのがイヤだから通信制の高校も受ける。

これから二つも試験を受けるのに、公立高校をどこを受けるか決めなきゃならない。試験勉強で考える暇がないっていうほど勉強していない。考えたってどこを受けるか決められない。

お母さんは、

「行きたいところがあって成績も大丈夫であれば一番いいけど、そうじゃない場合、成績が足りないけどそこを目指して頑張るということも、自分の成績と同じレベルの中から選ぶということもできる。決め方は一つじゃない」

「成績以外にも、通学時間とか、何科に行きたいかとか、いろんなことを考えて決めていけばいい」

と言う。

お母さんは行きたい高校があってそこへ行ったのか聞いてみた。

「行きたい高校はあったけど行っていない」

？　行きたい高校があって、受験して受かったのに行かなかったってどういうこと。

成績だけで行けるか行けないか決まるわけじゃない、自分の希望以外にも、環境などの要件もあるという。今は高校へ行くのがあたり前な考え方だけど、昔は中学校を卒業して就職があたり前で、集団就職があった時代もある。自分の希望だけで選べない人は今もいると言われた。

行った高校はどう決めたのか、すぐ決められたのか聞いてみた。

行きたい高校以外どこがいいというのはなかったから、家から近いところを選んだ。そこは成績でひっかかって、違うところを選ぶことになったから、成績で選べる範囲の中から選んだという。成績が足りていても、ランクで分けたときにそのランク内に入っていなかったから受けられないってわかりにくい。

まだ時間がある、決めるのはあとでいい、考えたくない。

冬休みが終わった。

私立高校の受験申し込みも二か所とも終わった。

嫌で嫌で逃げ出したいのに逃げられない。イヤでも逃げられなくて、しなきゃいけないのは、お母さんが思い通りにさせようとしているからだと思う。お母さんの思い通りになんかなるか。自分のしたいようにする、自由に決めると思うのにできない。できないからイラつくし、お母さんのことが気にいらない。

このまま試験を受けるんだろうと思うと、結局、親の思い通りになっていると思ってイライラする。合格確約はもらえないけど、試験を受けて受かったらみんなと同じになれるんじゃないかって思って、受けることにしたけれど気にいらない。

どうせダメだ、試験を受けたって変わらないと思っても、もしかしたら同じになれるかもしれないって期待してしまう。自分のせいじゃないのになんでダメって思わなきゃいけないのか、イヤな思いをしなきゃいけないのかわからない。親のせいだ、親が悪いんだ、親が自由にさせてくれないからだと思う。

普通の高校は落ちた。受かるはずないのに無駄なことをした。受かるかもって思ってバカみたいだった。通信制の高校は受かった。ここへ行くのか？　行く場所はできたけどモヤモヤする。

担任から親へ公立高校の志願先を決めないといけない期限だと電話がかかってきた。志願日は先だけど、書類を作るから決めるようにということらしい。申し込んだところから一回だけ変えることができるから、どこにするか決めていなくても、受けようと思っているところからどこでも選んで出してということだけど、どこもない。何科がいいのか決められない。普通科以外の科も考えたけど、ここがいいと思えるところがなかった。普通科から選ぶとしてもどこがいいかわからない、受けようと思っているところはない。考えたくないのに、なんで決めなきゃならないんだ。むしゃくしゃする、うるさいと思う。親の言うとおりになんかしない、思い通りになんてならないって思うのに、どこにするか決めなきゃいけないのがイライラする。

＊　＊　＊

私立高校の試験が終わり結果も出た。わからないところをわかるようにして、成績が上がるようにしようとしていないのは、見ていてわかる。本人は一応勉強はしたと思っているだろうし、聞いたらそう答えるだろうとも思う。何もしなかったわけじゃないんだから、となるのだろう。やったって無理・無駄なんだからやらなくても同じだし、やらなくても平気なんだからやらなくてもいいと考えているのがわかる。

合格したのは通信制の高校だけだったから一つは落ちたことになる。受かることを期待していたようだから、落ちてそれなりにがっかりしたのだと思う。落ちたことで余計にやってもやらなくても同じと思うのではないかという心配がある。

学校では勉強することを言わない、受験するのに勉強が必要だと言わない。とてつもなく勉強ができて成績が良いわけではないのに言わない。受験するからといって勉強する必要はない、しなくても構わないんだという認識をもつこと、それがどういうことなのか、どういうことを引き起こすのか、なぜ教師は考えないのか不思議に思う。それを確認しようとは思わないし、たとえ確認しても、自分たちのしていることに異を唱えると思われるだけだろう。自分たちは生徒のことを考えているんだから、異を唱えるのは、子どものことを考えていない親だからという図ができるだけだ。それで子どもが嫌な思いをするようになったらと思うとゾッとする。教師の言動で家庭に波紋が起きるのは堪え難いことだけど、子どもを守るために波風が立たないようにするしかない。

子どもに対して、
教師のことを悪くいうつもりは無い。

学校のことを悪くいうつもりは無い。

必要と思うこと、良いと思うことを含めて、考えられることを伝えていくしかないと思っている。でも、教師の行っていること、それによって引き起こることに心が折れそうになる。親が正しいわけではない、教師が正しいわけでもない。世の中正しいことだけではない。でも、生きていくため生活していくためのルールがある。

自分たちが考えた枠に当てはめて考えることを止《や》めて欲しいと願う。考えた枠に当てはまらないのに当てはめ続けよう、当てはまるよう考えようとすることを止《や》めて欲しいという願いは、願ってはいけないことなのだろうか。子どもを苦しめることが起きないようにしたい、親子間をひき裂くことが起きないようにしたいと思っても、今子どもに受けている影響を考えると居たたまれなく苦痛を感じる。

もうこれ以上悪くなることは何もしてほしくない。何があっても子どもの味方をする、何があっても子どもを守る。そう思っても守り切れるか不安が沸いてくる。

＊　＊　＊

普通科を受けることに決めた。通学時間もそんなにかからないところを偏差値から考えて選んだ。自分の成績で行ける中で、ここに行きたいと思うところはなかった。成績に関係なく高校を選べたら、ここに行きたい、ここがいいと選ぶのかは分からない。もっと面倒で大変なだけのようにも思う。

もし、倍率が高かったらどうしよう。また、考えるのは面倒だし、行きたいところはない。落ちないように変えることになるんだろうけど面倒臭い。

担任から親に志願先変更をするか電話がかかってきた。お母さんにどうするか聞かれたけどわからないと答えた。倍率が出るのは来週だ。お母さんはまだ決めていないことを伝えた。担任から、変更の手続きは二日間あるが、保護者同行になるから、お母さんの仕事の都合もあると思って連絡したとあったらしい。変更するときは子どもだけで手続きをする予定だったと伝えて、一緒じゃないとダメなのか確認をしていたがダメだったようで、仕事で約束が入っていて相手が居ることなので予定を変えて休みを取ることはできないと思うから、志願先を変更する場合、一緒に行けるのは二日目になるけどそれでいいか確認された。お母さんは担任へ同じように変更手続きをするなら二日目になる説明をして自分と話したことを伝えていた。確認されたとき頷いたけど、変更するかわからないのに聞かれたってわからないと思ったし、仕事を休めないなら聞かれたってしようがないことなのにって思った。

＊　＊　＊

志願先変更日の前日、仕事中に携帯に学年主任より電話があり、変更手続きは一日目に行うようにできないかとあった。先日担任より志願先変更は保護者同行でとの電話があったこと、その場で子どもと話したが、仕事の都合もあるため手続きを行う場合は二

日目に行うということになり、担任にその旨伝えたことを説明する。しかし、まったく聞いていないのか聞き流しているのか、

「学校としては一日目を推奨している」

と学年主任は言った。

仕方なく再度、担任より保護者同行での電話があったことから説明をした。そして、今朝志願倍率が発表されたが、子どもとまだ志願先変更を行うか話しておらず決まっていないことを伝えた。残念なことに学年主任はまたまったく聞いていないようで、

「交通機関の乱れとか不詳のことが起きて手続きができなくなることもあるから、一日目に手続きすることを学校は推奨している」

とあった。

再度同じことを説明し、まだ志願先変更をすると決まっておらず、帰ってから子どもと相談すると答えた。

なぜこちらの言葉を聞かないのだろうか。

志願先を変更するかしないかまだ決まっていないし、変更する場合、子どもだけじゃ

なく保護者同行で手続きをするように言ったのは担任のほうで、変更するときは子ども一人で手続きを行う予定だったのを同行することに変えている。担任へ、同行できるのは、仕事の都合もあり二日目となることを伝えているし、そのときに子どもと話したことも伝えている。

学年主任から電話があったときにその話を伝えたし、まだ志願先を変更するかしないか決まっていないことも伝えている。変更の手続きをするのに保護者が同行しなくていいのであれば、そのように言えばいいこと。そうしたら違う返答になっただろう。志願先の変更をするかは決まっていないから、それについては変わらない。子ども一人で手続きに行ってよいのであれば、子どもと志願先を変更するかしないかと、手続きをするのに一人で行くかを相談するとなっただろう。

とりあえず家に帰ったら子どもと話をしなければと思ったが、家に着いたら子どもがいなかった。どこに出歩いているのだろう、相談をしないといけないのにと子どもの帰りを待っていた。

担任から電話がかかってきて、子どもは今学校にいるという。一度家に帰ったが、志願先変更がどうなるか心配になって学校へ行ったらしい。話しているうちに泣いたという。大丈夫だと言って帰したというが、子どもにどんな話をしたのか？　なぜ心配しなければならないような話をしたのか？

今日学年主任より電話があったときに話した内容は、心配になるようなことは何もなかったはずだ。志願先を変更するかしないか、帰ったら相談をすると答えているのだから。何をどう話せば子どもが心配するようなことになるのかわからない。家に帰ってから心配で学校に戻ったということは学校でされた話で何か不安になったのだろう。

受験する高校は、私立も公立もどちらも指定していない。どのような基準で選ぶのかも含めて子どもが決めている。決めた先を否定していない。

志願先は期限ギリギリになったが、子どもが決めるのを待っていた。希望があって私立高校の試験の申し込みを行い、公立高校の志願先も希望を出した。もちろん、今回変更を希望するのであれば、理由は尋ねても反対はしない。倍率を見て高いからと志願先を変えるのも、違う高校のほうがよくなって志願先を変えるのも、どんな理由であれ変えられるのは一回、最初のまま変えないということもありであることは話している。

公立高校に受からなかったときは、通信制高校に通うことになることも踏まえて考えてという話もしている。どのような形を選んでも反対しない、頑張るのも、あきらめるのも、挑戦するのも、楽なことを選ぶのも、自分で決めることが大切だと話してきた。親の考えは考えとしてあるけれど、あなたの人生なのだから、自分で選んで決めるようにと話してきた。意見、考えを伝えることもあれば手伝ったり助けたりもする。また、保護者が必要なこともまだまだある、思い通りにさせようとしているのとは違うということを、ことあるごとに伝えてきている。

担任、学年主任、どちらが子どもと話したのだろう。それとも二人が話したのか……。本当に止《や》めて欲しいと思う。子どもが不安になることを話すなんて信じられないと思う。どこまで引っかき回すつもりなのか恐ろしい。学校にいた最初のときも、再度学校へ行ったときも、話したときに親子間を裂く言動がなければよいと思う。また、教師の考える枠に当てはめるのに利用されていなければよいと思う。問題ある子、親子間に問題ありなどと片づけることもなければよいと思う。自分たちで波風を立てておいて、自分たちは生徒のことを考えている、親が悪いという図を作りたいのだろうということは明らかだけど、本当にもう止《や》めて欲しいと思う。

「そうですか」と先生の言うことはもっともです、先生の言うとおりにします、従います、とはならないことが、教師が生徒にあるいは生徒の家庭に波風を立てる原因になっているのであれば、とても悲しくとても辛い。

教師は何かあったとしても相談したい相手ではないし、相談できる相手でもない。そう考えることが、同じように生徒や生徒の家庭に波風を立てる原因になっているのであれば、やっぱりとても悲しいし、とても辛い。教師・中学校に対して恐怖を感じる。

子どもが先生に対して悪いイメージを持たないように、学校に対して悪いイメージを持たないようにと思い、そうしている。悪いイメージを持って学校に行かなかったり行けなくならないように願っているからそうしている。

子どもが自分のしたいようにする、親の言うことを聞いたら指示されたとおりにしたことになると思ったり、あるいは自分にとって嫌だったり都合の悪いことを言われたりするとふてくされたり怒鳴ったり暴れたりするとき、むしゃくしゃして当たるとき、その他どんなことでも、どんなときでも、世の中は自分の思った通りになるのではないと、生活していくうえで守らなければいけないルールがあると伝えてきた。

そして、あなたの人生はあなたのもので、誰も代わりに生きることはできない。人から聞いてネットで調べて情報を得るにはいろいろな方法がある。得た情報の中から何を信じるかは人それぞれであると、子どもが自分で考えられるように、考える力を身に付けることができるようにと思い伝えてきた。

教師が子どもに与える影響を考えると恐ろしくてしようがない。家の中で波風が立つだけで済まなくなったらと思うと恐ろしくてたまらない。

今は、子どもが帰ってきたら志願先変更をどうするかを相談することだけを考えて、帰ってくるのを待とうと自分に言いきかせたが、恐ろしさが消えることはなかった。

子どもが帰ってきた。

志願先変更を行うか相談をした。別な高校、工業高校にするという。普通科とは学ぶ内容が違うことを確認した。工業高校に行きたいわけではない、学びたいことがあるわけでもないということがわかった。受かる可能性が高いかもしれないということで、まったく選択肢になかった工業高校が先生との間で出たことがわかった。普通科と工業高校の違いをちゃんと説明されていないこともわかった。工業高校の詳細はわからないけれど、学ぶ内容が普通科と違うことを伝え確認し、入学した後思っていたのと違うと思っても遅いことを話した。

入学願書の用紙を出してきた。すでに保護者欄が記入されている。なぜ記入されているのか尋ねたら、授業中に記入を指導され、そしてそれを親に見せて判を押してもらうように言われたという。他にも志願先を変更する子が何人かいて全員記入したという。志願先を変更しない子たちはその間待っていた、短い時間ですぐ終わったし、とのことだった。

仕事中に学年主任より電話がかかってきて、この間担任から電話がかかってきたときのやり取りを伝えたことを話した。保護者が同行しなくてよいとの話はなかったが、子どもだけでできるようであれば一人で手続きを行うか話し相談した。子どもだけでできるのであれば、一人で手続きを行うことになり、入学願書に判を押して渡した。

変更日当日、学校より携帯に着信があった。そのときは出ることができなかったが、午前中に仕事の合間に学校へ折り返しの電話をした。誰からだかも何の用件かもわからなかったので、出た方にそう伝えたら、学年主任につながった。着信があったので電話をしたことを伝えると、

「志願先変更をする書類のことで確認したいことがあって、担任がかけたんだと思います。もう済んだんで大丈夫です」

「書類のことで確認ですか」

「もう手続きが終わって戻ってきているんで大丈夫です」

「書類のこととは？　内容を知らないんですけど」

「もう終わったんで知らなくて大丈夫です」

何のために担任が電話をかけてきたのかまったくわからない。書類のこととは？　何

の書類なのか、何かしら連絡を取らなければならないことがあったから電話をかけてきたのではないか。なぜ知らなくていいことなのか、内容を教えない理由は何なのか、まったくわからない。

何かわかるのではないかと思い、県教育委員会へ電話をして尋ねてみた。状況を伝えたら、志願先を変更するのに必要な二枚の書類のうちどちらかに不備があったのではないかとのことだった。一枚しか見ていないため、二枚あるのか確認したところ、二種類の書類がありどちらも保護者の自署捺印が必要との説明を受けた。あ然とした。手続きに必要な書類のことがなぜ知らなくていいことになるのか。しかも書類を見てもおらず、記入も押印もしていない。書類が足りないのになぜ手続きできたのか。

学年主任へ電話をし、県教育委員会へ連絡を取ったこと、その際、受けた説明の内容を伝え抗議した。書類を一枚しか確認しておらず、一枚足りないのになぜ手続きできたのか、なぜ知らなくていいことなのか尋ねた。

足りない書類に保護者の自署捺印が必要なことに対して、わからない。子どもがしていることと返答がある。子どもが勝手に書類を作ったのか確認すると、

「そうです」

それ以上の説明は求めず、帰宅したら子どもに確認すると伝えた。

仕事をしていてもザラザラした思いがあった。子どもがしていると言う以上、子どもに確認するしかない。

帰宅後、子どもに志願先を変更するために必要な書類のことを尋ねた。二枚あったが一枚見せるのを忘れたという。県教育委員会へ電話をすることになった経緯《いきさつ》を伝え、その後の学年主任とのやり取りを説明し、子どもが行ったのか、行ったのであればなぜ行ったのか尋ねた。

「知らない、していない」

二枚目の書類ももう一枚と同じときに記入することを指示され記入したが、印鑑は今日先生が押して、その書類を高校に持って行き手続きをするよう指示されたという。

ゾッとした。教師・学校に恐ろしさを感じた。

「あなたのことを信じたい。でも、はっきりしているのは、自署捺印が必要な書類を私が見ていないということ。あなたの言っていることが正しいのか、学年主任の話が正しいのかわからない」

そう話すしかなかった。なぜなら、いくら私が教師に子どもがしていないと言っていると伝えても、教師は子どもがしたことにするだろうから。残念だが、子ども自身が教師に自分がしたことにしないよう訴えるしかない。そうしても認めるとは限らないが、私から子どもが正しいと証明できない。

教師から書類を渡されたときにあなたがすべきだったのは、言えなかったかもしれないけれど、親に見せていないから見せてからにしますと言って断ることだったと教えた。行ったのは書類の偽造であり行うべきことではないこと、一般的に同じ会社内であっても勝手に他者の印鑑を使い書類を作ることはしないことを話した。そして、手続きに使った書類は偽物であり、ちゃんとした書類で手続きを行うことを話した。

志願先変更の期間は二日間であり明日で終わるため、どのように手続きをするのか先生と話すように話した。明日で終わりだが、学校が勝手に書類を作ったために期間内に手続きができなかったということで、期間を過ぎても大丈夫なのか、明日中に行わなければいけないのかはわからない。あなたがしていないというのであれば、先生から私に連絡あるよう伝えるよう話した。

なんで子どものせいにするのか。

それ以前に、なんで承諾なく判を押して書類を作ったのか。なんで書類を子どもに高校へ持って行かせ手続きすることを指示したのか。

書類不備であれば、保護者に連絡が取れるまで手続きは進めずに保留にしておけばいいことだろうと思う。

自分たちの考えたとおりに物事を運びたかったということなのだろうか。

確かに電話がかかってきたときに出ることはできなかった。しかし、午前中に折り返しの電話をしている。

そのときに学年主任は担任が書類のことで電話をしたんだと思うと話していた。書類のことと知っていたにもかかわらず、手続きが終わったから大丈夫、知らなくていいことと言い、説明をしようとしなかったのは、自分たちの行ったことを隠すためなのだろうか。

たとえ今日手続きが行えなくても、明日も行えることなのだから、連絡が取れる前に行う必要はないこと。しかも午前中に連絡が取れている。

実際に何がどのように行われたかわからない。行う必要がないこと、行うべきでないことが行われたという事実があるだけだ。子どもが主体性を持って行ったのでないなら、教師が行いたいようにするために巻き込まれた、あるいは教師によってさせられたということになる。

問題ある子が行ったこと、親子関係に問題がある、親子で対立している、子どものことを考えない親――自分たちを正当化するためにどのように巧妙に仕組まれているかを考えると恐ろしくて仕方がない。このままいくと親子間を裂かれ取り返しのつかない事態になるのではないかとおののいている。

恐ろしさで闇の中に落とされても子どもが教師や学校に悪いイメージを持たず学校に行けるように、親の言動で子どもが教師から辛いことを受けなくて済むように願ってきたし、そのようにしてきた。

でも、それは教師が考えた教師に都合のよい枠を作る手助けになってしまったのではないかと思っている。

これ以上子どもを自分たちの考えた枠に都合よく当てはめるために利用しないでほしい、親子間を裂くこと、家庭に波風が立つことはしないでほしいと切に思う。

子どもには子どもの人生があり、それは教師のものではない。社会通念を持ち、自分たちに都合よく動くよう子どもを利用しないでほしいと今まで以上に思う。

人生のたった一年かもしれない、でも、大切な一年でもある。

次の日、学年主任から電話がかかってきた。

「自分は知らなかったが、担任がたまたま学校に卒業記念で渡す用の印鑑があって、それを使って書類を作っていました。お子さんは無関係です」

信じられない。たまたま学校に印鑑があったからそれを使って書類を作ればいい、その書類を生徒に持たせて手続きをさせればいいと考えることが驚きであった。子どもにあなたがすべきだったのは、先生に対して言えなかったかもしれないけれど「親に見せていないから見せてから手続きします」と断ることだったと教えたことを伝えると、電話の向こうで息を呑む様子があった。まるで考えていなかったということなのだろう。自分たちの都合に合わせて物事を進めることしか考えていないことがはっきり表れている。

このことをはっきり指摘したらどのような扱いをされるかわからない。子どもに何をされるかわからない、子どもに何をさせるかわからない、恐ろしくてできなかった。この電話のやり取りでは、書類の扱い——教師が勝手に作成した書類の取り消し・再手続きについて何ら話が出なかったが、まだ今後の手続きの流れがはっきりしておらず、はっきりしたら連絡があるのだと思った。

帰宅後子どもに、学年主任より担任が学校にあった印鑑を使い書類を作っていてあなたは無関係との電話があったことを伝え、先生から何か言われたか尋ねた。担任から「解決した」と言われたという。あ然とした。

「解決はしていない。電話は学年主任からで、担任とは一言も話していない。改めて手続きできるよう新しい書類を渡されているのか」

それを話し確認するのが精一杯だった。恐ろしくて恐怖に打ちのめされた。

何一つ解決していない。『担任が行ったことを認めたのだからそれでいいだろう、もう解決した』とでもいうのだろうか。教師が自分たちの都合でしたいようにすることに、生徒も保護者も従うことが当然だと思っているのだろうか。そう思っているとしか思えない。

一つ一つのことがどのように扱われているのか、教師たちに都合よく巧妙に仕組まれているのかを考えるとゾーッとして、教師に対して生徒も保護者も踏みにじられる無力な存在なのだと思った。子どもが教師より不利益を受けない、辛い思いをせずに済むようにと願うと、教師と強く闘えない。教師・学校に対して生徒も保護者も弱い立場なのだと思った。

積極的には挑まなくても、教師に利用される理由になるとしても、他人の迷惑や犯罪につながることはそのままにしておくことはできない。ものを考える力や問題に直面したときに解決する能力、それを失わせることはできない。苦痛で恐ろしく心が折れるけれど、子どもを守れるだけ守らなければと思った。

来週には公立高校の試験が行われる。

教師が行ったことは認められることではないが、子どもが試験を受けられなくなるような事態は避けなければならない。試験を受けることにより、教師に都合よく教師の行ったことを認めたかのように扱われたとしても、少なくとも現状では試験は受けることができる。巧妙に仕組まれていると感じられる。

公立高校の入学試験が終わった。

やっとここまで来た。無事に三年生を終え卒業できるのだろうか、それともまだまだ苦痛を受けることが起きるのだろうか。不安で仕方がない。

教師・学校に何をされるかわからない恐怖に押し潰されそうになりながら生きている。

三月三十一日まであと四週間、もう何もしないでと願っている。とくに生徒のことを考えているというパフォーマンスのために子どもを利用しないでと願っている。

自分たちが考えたことを都合よく運ぶために、学校生活のルール、社会生活のルール、その他に対し必要なことを行うことを行うようにせず、逆に守らなければいけないこと、行わなければいけないことをしないことをあおり増長させることをする。そんなこれからの生活が大変になるようなことをすることはしないでほしいと願っている。

切に願っていたのにまた起きてしまった。

登下校時は制服を着用することになっているが、子どもは着ることなく登下校することが続いていた。

登下校時は制服着用がルールであることは子ども本人も当然知っている。知ったうえで着用していないということは、考えるまでもなく教師はわかることである。

公立高校の合格発表のとき、学校にあった制服を着て行くようにと子どもに渡している。渡す前に、なぜ登下校時は制服着用がルールだということを指導しないのか。自分の制服を着ることを指導しないのか。子どもとなぜ制服を登下校時に着用しないのかの話をし、制服着用がルールであること、それを守る必要があることを話すことをなぜしないのか。

保護者に制服を着用していないことについて連絡を行うこともなく、学校にあった制服を渡す前に連絡を行うこともなく、子どもへ学校にあったからと制服をなぜ渡すのか。子どもへは、学校生活を送るうえで守らなければいけないルールがあることも、社会生活を送るうえで守らなければいけないルールがあることも、機会があるごとに話してきている。

登下校時に制服を着用していないことは把握している。把握しているのになんで着させないんだと他人《ひと》は言うかもしれない。教師も親が着せていないのが悪いと言うだろう。だけど違う。

小さな子どもに着せるのとは訳が違う。たとえ子どもに着せて登校させていないのは親が悪いということであればなおのこと、子どもにいきなり制服を渡すのではなく、保護者へ連絡を取ってどのようにするか話してから、渡すか渡さないか決めることではないのか。

どこをどうすれば、いきなり生徒へ制服を渡しそれを着ていくようにということになるのだろう。自分の制服があるのだから自分の制服を着れば済むことなのに、保護者へ連絡を取らないのは、学校にあった制服を着させることが自分たちにとって都合がよいからとしか考えられない。親にはできないが自分たちにはできると示したかったとしか思えない。

合格発表時には入学のための資料を受け取るため受験票が必要になっている。受験が終わったあと、なくさないように保管していた。保管といってもカレンダーケースに差していただけだが、その場所がわかりやすいところで他の書類と紛れない場所だからである。

受験後一度も受験票が見当たらなくなったことはない。それを教師は紛失したことにして受験票の代わりになる書類を作り、子どもに合格発表時に持って行くよう指示している。

紛失しているかの確認の連絡はなかった。子どもがなくしたと教師に言ったならば、保護者へ連絡を取り、紛失したのか確認することではないのか。なぜ受験票を紛失したことにして代わりの書類を作り、それを生徒に渡して高校へ持って行かせるということになるのだろう。

教師が自分たちに都合よく物事を運ぶために、登下校時や公立高校の合格発表時に自分の制服を着用するということ、公立高校の合格発表時に受験票を持って行くということを指導せず、自分たちが用意したものを使わせてさせるということを行ったとしか思えない。

制服を着ない、受験票がないということで、合格していても入学できないのであれば、それは一つの選択であって、入学しないことを子ども自身が選んだことにほかならない。

教師の考えるよいことは、教師にとって都合がよいことでしかない。

公立高校へ進学することが幸せとは思わない。通信制の高校に通うことになっても不幸だとは思わない。そこで何を得るか、どのように生きるか、それは子ども自身がその都度考えて決めること。公立高校へ進学しなかったことを後悔するかもしれない、でもそのことから何を学び何を活かして生きていくかは、子どもの人生であり、子どもが決めることである。自分で選んだならまだしも、もしさせられたほうと違うほうを選んでいたら良かったということになってからでは遅い。運良くその後悪いことが起きなくても、悪いことが起きていない不利益を与えていないのだからいいだろうとはならない。違う道がより良いものではないとは限らないから。

子どもがどのような道に進むことになっても、親として、また長く生きてきた者として相談にのることも意見を伝えることもできるし、できるだけ助け応援したいと思っている。

教師が考えたとおりの道を進むために、生徒は存在しているのではない。教師が考えた枠に当てはめられその都合に合わせた役回りをするために、生徒は存在しているのでもない。

教師が自分たちの考えたとおりにするために子どもを巻き込むことを止《や》めて欲しいと切に願っても、それが叶うどころか、どんどんエスカレートしていっており、苦痛も恐怖もどんどん膨れあがっている。

どれだけ生徒の家庭をひっかき回せば気が済むのか？

教師という立場を利用し支配することに慣れてしまっている……餌食になったら抜け出すことができないのかと思うと恐ろしくて仕方がない。

何もしないで!!　子どもを巻き込まないで!!　とどれだけ願っても願っても願い足りない。

卒業するまで子どもを守り切れる自信がない。折れる心をなんとか持たせている。押し潰されないよう精一杯頑張るしかないと自分に言い聞かせている。

教師に言われるがままに子どもは行動してしまっている。

嫌がっているのを無理にさせていない、子どもの意志に沿ったことをしたのだという言いわけを用意していることは容易に想像できる。子どもに必要なことを伝え教えるのではなく、自分たちに都合がよいよう行動させているとしても、子どもが行動してしまっていたことには変わりない。そのことに対し抗議しても、問題ある子、親子関係に問題ある家庭、子どものことを考えない親と扱うだろうということもわかっている。

学校の中で行われたこと、教師が行ったことは、実際にどうであれ、教師が正しいことになってしまう恐ろしさをひしひしと感じる。志願先変更の書類をいまだに訂正しないことからもわかる。

着るように言われた制服、紛失したことにされた受験票、偽りで手続きをしたことであっても、そのことに抗議して試験を受けない、入学手続きを行わないということになっていたら、よりひどい状況になるのは目に見えている。

巧妙に仕組まれているとしかいいようがない。闇に突き落とされ、教師に対する恐ろしさが拭えない。子どもが教師と接することがなくなれば、子どもが教師の対応で辛い思いをする心配はなくなる。卒業まであと少し、子どもが教師に悪いイメージを持たないように、学校に悪いイメージを持たないように心を配り、中学校に通えるようにしたいと思っている。

二〇一X年三月十五日　卒業

なんとかこの日を迎えることができた。遅刻に欠席、授業に出ない、暴言・暴力、夜間の外出・外泊、児童相談所に連れて行かれたこともあった。たくさんのことがあり過ぎるくらいあっていろいろ辛い思いもした。今も教師から苦痛を受け続けている。

子どもを守れたのだろうかと自問自答する。教師に利用されてしまったことは否めない。この先それがどんな影響をおよぼすことになるのか分からないことが怖い。子どもが嫌な思いをすることや辛い思いをすることが減ることに少しでも役立てたのであれば嬉しく思う。

なかなか難しいかもしれないが、今後、行わなければいけないことが自分の都合で行わなくていいことに変わる、あるいは偽りをもって物事を進めるなどの考えが成り立つのはK中学校だけのことであり、世の中のしくみとして成り立たないことであることを、その呪縛から離れ判断できるようになってほしいと思う。

教師と生徒という立場を考えると、教師の言うことに従わないことが難しいことであっても、教師の言うことに従わなければいけないということはない、ということをわかって欲しかったと思う。教師は正しいとは限らない、親を含めた大人が正しいとも限らない。判断するのはとても難しいことだと思うが、他人の迷惑にならない、犯罪にならない、その中でやりたいことを選び行うということを考えられるようになってほしいと思う。

子どもは三月三十一日までは中学校に在籍している。さらなる苦痛が教師により与えられないように願っている。また、志願先変更の書類の訂正を、卒業したからと闇に葬ることなく、在学中に行ってほしいと考えている。

入学説明会と物品販売が高校にて行われたため、子どもと一緒に高校へ出かけた。物品販売が先に始まり購入するために並んでいたが、途中で子どもは帰ると言い出した。

サイズ合わせを行う物が複数あり、いないと購入できないということ、このあと説明会もあることを話すが、耳を貸すことなく帰るの一点張りで、会場より外へ出ようとした。高校の先生からも同様の話がされたが帰る意志は固く、帰ることになった。はっきりと入学しないことを決めての帰宅ではないため、とりあえず私だけが残って話を聞くことになった。

まだ中学校に在籍中だったため、中学校の担任へ電話をかけ伝えたところ怒声を受けた。担任に何かしてほしいための連絡ではなく、まだ在籍しているため報告が必要かと考えたために連絡したことを伝えた。なぜ経緯を伝えただけで怒鳴られなければいけないのか？　どれだけ権力をかざしたいのか？　恐ろしさのあまり涙が出てきた。

高校は、子どもと話し入学の意志があったら担任となる先生へ今月内に連絡をするということで、退学（入学取り消し）は保留となった。入学する場合は物品の購入を個人で行う必要もあるため、一緒に店舗へ行く日などを決め準備しなければならない。

三月末まで約一週間。進学するのかしないのか、進学するとすればどこへ進学するのか、決めなければならない。

子どもと共に考えることになる。子どもがしっかり考えられるよう、どんな言葉でどんなことを伝えるか。親として思うこと、選んだ道に先に起こるかもしれないこと、メリットデメリットの枠で括れないいろいろなことを伝えなければならない。

話す言葉やその内容に子どもが耳を貸すか、その心配もある。あまりにもこの約一年の間に教師によって行われてきたことを考えると恐ろしい。親の言葉に耳を貸すことや、親の考えたことと自分の考えが一致した場合も、それは親の言うなりになることと思って反発することが起きるのではないかと思えてならない。

そうすることは正しいことという意識を増長させ、行うべきこと、行わなければならないことを否定したり、社会のルールに関係なく行動することを肯定したり、さらには率先してそれらを生徒にさせる。その環境に置かれてきた子どもが示す態度がどういうものになるか。厳しさが予想されるが、ターニングポイントになると思うから、目の前にいない敵と闘いながら向き合おうと思った。

二〇一X年四月

公立高校入学、新しい生活が始まる。

中学校教師との闘いは終わらない。

中学校は卒業し高校へ入学したからいいだろうとはならない。それで終わりにもならないし、終わりにしてもならない。書類の訂正もまだ行われていない。中学校と中学校教師と離れたのだから、忘れてしまい生活をすればいいと考える人もいるだろう。しかし、教師の都合によって、勝手につくられた状況によって、圧せられ、生活を脅《おびや》かされ続けたこの一年、すべてを忘れてなかったことにするには、受けた苦痛が大き過ぎる。一年は、短くもあり長くもある。この一年のことが子どもの高校生活やこの先の人生にどう影響していくかもわからない。

闇から解き放たれ、安らぎ落ち着きある世界になったとき、苦痛も減って生きていくことができる。それまで闘いは終わることはない。

――まだまだ人生は続く

子どもが豊かな心の糧を得て日々暮らせることを願っている。

あとがき

これは現実に中学校で起きたことであり、現在に至るまで苦痛を受け続けている事柄である。

教師が中学校を舞台に行ったことは正しいこととして扱われる。教師が考えたことに当てはめて作り上げたことに巻き込まれると、抜け出せなく傷つき苦痛を受けることとなる。

もちろん、中にはうまくすり抜け、抜け出すことができる方もいらっしゃることと思う。そもそも、巻き込まれる＝標的になることなく済む方も多くいらっしゃることと思う。

いじめ・体罰・わいせつなど教師が行ったことで表面に表れるのは、実際に行われたうちどのくらいの数になるのか。

事実と異なることを事実として扱い、そうではないと否定して事実を話しても、認めることなく否定される。行った教師はもちろんのこと、教育委員会は教師の側に立ち教師の味方をするため生徒・保護者の人権はなくなる。

今回のことで例を挙げるなら

●教師が行ったことに抗議していることに対して〝教師が判断して行った〟

●起きたことの事実を把握して事実に基づいての対応を求めても〝事実を明らかにする必要があるのか〟

と教育委員会よりあった。このようなことで答えた、説明したと済ませようとする。

いや、教師・教育委員会としては済んだこととしていると考えられる。

行ったことを抗議しているのに、どこがそれに対する答えなのか、説明なのか。事実に基づかないでなぜ判断し終わりにできるのか。

いかに教師が行ったことを不問にするか、正当化するか。そのために矛盾する言葉・事柄などが次から次へ出てくるため、それを指摘しても何の返答もない。

教師・教育委員会が無視し対応しなければ、教師がしたいと思ってしたことはそれで良いと言っていることであり、学校において生徒の人権はなく教師に従っていれば良いということになる。

この出来事が氷山の一角なのか、よくある珍しくないことなのかはわからない。

ただ、学校に通う子どもたちが、傷つき辛い思いを抱かないで済む教師・学校であってほしいと心から願い祈っているだけである。

最後に、全教師・全学校で起き得ることであっても全教師・全学校に当てはまると言っているわけではないことを申し添えさせていただく。

二〇二三年

鈴川 智優